Olivier Mitta de Bodo

Les droits de l'enfant dans les pays africains

Olivier Mitta de Bodo

Les droits de l’enfant dans les pays africains

Dialogues, paraboles, poèmes, contes et sketchs

Éditions Muse

Imprint

Cover image: www.ingimage.com

Publisher:
Éditions Muse
is a trademark of
International Book Market Service Ltd., member of OmniScriptum Publishing Group
17 Meldrum Street, Beau Bassin 71504, Mauritius
Printed at: see last page
ISBN: 978-620-2-29791-2

Olivier Mitta de Bodo

Les droits de l'enfant dans les pays africains en dialogues, paraboles, poèmes, contes et sketchs

La Convention internationale des droits de l'enfant (CIDE) est un traité international rédigé sous l'égide de l'ONU. Elle a été adoptée par les Nations Unies le 20 novembre 1989.

Reconnaissant qu'il y a dans tous les pays du monde des enfants qui vivent dans des conditions particulièrement difficiles, et qu'il est nécessaire d'accorder à ces enfants une attention particulière,

Tenant dûment compte de l'importance des traditions et valeurs culturelles de chaque peuple dans la protection et le développement harmonieux de l'enfant,

La Convention relative aux droits de l'enfant explique qui sont les enfants, quels sont leurs droits qu'il faut reconnaître, respecter et protéger et quelles sont les responsabilités des gouvernements.

Nous savons que les droits de l'enfant sont un ensemble de droits qui concernent les besoins et les attentes spécifiques et variés des enfants. Parmi ces besoins et ces attentes, il y a :

I. Le droit à la vie en famille
II. Le droit à une identité
III. Le droit à l'éducation
IV. Le droit à la santé
V. Le droit à l'alimentation
VI. Le droit de jouer et d'avoir des loisirs

VII. Le droit d'être protégé contre toutes les formes de discrimination
VIII. Le droit d'être protégé de la violence et de l'exploitation
IX. **Le droit de ne pas faire la guerre, ni de la subir**
X. Le droit à la liberté d'information, d'expression et de participation

Pour aider les enfants à mieux connaitre, percevoir, comprendre et expliquer leurs droits, ce livre utilise les formes littéraires que sont le dialogue, la parabole, le poème, le conte et le sketch.

Les enfants pourront désormais dire : je lis, je connais, je perçois, je comprends, j'explique et je présente mes droits à travers les dialogues, les paraboles, les poèmes, les contes et les sketchs.

I. Le droit à la vie en famille

Le dialogue, la parabole, le poème, le conte et le sketch qui parlent du droit à la vie en famille.

1. Dialogue

Hassane

Bonjour Nadège, je suis très heureux de te rencontrer. Comment vas-tu et comment vont les membres de ta famille ?

Nadège

Bonjour Hassane, moi aussi je suis très heureuse de te voir. Je vais mieux et tous les membres de ma famille vont mieux. J'espère que chez toi c'est la même chose.

Hassane

Pour le moment, je vais bien, ainsi que, tous les membres de ma famille. Permets-moi de te poser cette question : on trouve combien de sorte de famille dans notre pays ?

Nadège

Dans notre pays, on trouve deux sortes de familles : la famille nucléaire qui est composée de papa, maman et les enfants et la famille élargie qui est composée de papa, maman, les enfants, le grand-père, la grand-mère, les oncles, les tantes, les neveux, les nièces et les autres. Moi, je suis dans une famille nucléaire. J'ai un grand-frère et une petite sœur pour le moment.

Hassane

En ce qui me concerne, je suis dans une famille élargie. Si tu arrives chez nous, tu verras que nous sommes nombreux, oui très nombreux.

Nadège

Nous nous avons la chance de vivre dans une famille. Mais, il y a d'autres enfants qui grandissent sans leur papa ou/et leur maman à cause de la guerre, du décès d'un ou des deux parents suite au VIH/SIDA, de l'extrême pauvreté.

Hassane

Tu as raison Nadège. Ces enfants sont souvent victimes de maltraitance, d'exploitation et de souffrance de toutes couleurs.

Nadège

Généralement, ces enfants se retrouvent dans la rue. La rue devient pour eux le lieu d'acquisition, de conservation et de développement de toutes les formes de bêtise, de barbarie, de violence et de stupidité.

Hassane

D'autres enfants sont contraints et obligés de faire toutes sortes de choses pour survivre. On peut citer les enfants domestiques maltraités, les enfants bouviers maltraités, les enfants prostitués maltraités et que sais-je encore ?

Nadège

Il serait indispensable qu'on mette en œuvre et en place dans notre pays, des mesures et des moyens efficaces et durables de prévention de guerres civiles de toutes sortes qui tuent les parents.

Hassane

Il serait aussi important qu'on mette en œuvre et en place dans notre pays, des mesures et des moyens efficaces et durables de prévention et de lutte contre le VIH/SIDA.

Nadège

Il serait majeur qu'on mette en œuvre et en place dans notre pays, des mesures et des moyens efficaces afin de permettre aux parents d'avoir un revenu c'est-à-dire ce qu'ils gagnent et un pouvoir d'achat c'est-à-dire ce qu'ils peuvent acheter avec ce qu'ils gagnent nécessaires pour s'occuper soigneusement de leurs enfants.

Hassane

Au nom de la solidarité, les enfants dans la rue doivent être protégés, soignés et nourris par notre gouvernement.

Au nom de la solidarité, les enfants dans la rue doivent être recueillis, protégés, soignés et nourris par les tantes, les oncles et les grands-parents, les familles d'accueil.

Nadège

Permets-moi de te dire qu'un enfant qui ne grandit pas dans une famille est un enfant qui vit dans une insécurité terrible. Il deviendra tôt ou tard un enfant idiot, un enfant cancre, un enfant bandit, un enfant violent.

Hassane

Notre dialogue montre que le droit à la vie en famille est une nécessité absolue pour tout enfant.

Nadège

Merci infiniment pour cette agréable et utile conversation que nous venons d'avoir. Au revoir et prochainement.

2. Parabole

Il y avait dans un quartier deux enfants qui étaient connus par les hommes, les femmes, les jeunes et les enfants.

Le premier enfant était né dans une famille où le père et la mère étaient en vie et travaillaient. Son père et sa mère l'entourèrent de beaucoup d'affection, le donnèrent une bonne éducation et le permirent de fréquenter de bonnes écoles pour avoir une bonne instruction. Cet enfant était très intelligent et très sage à la maison, à l'école, dans la communauté et dans le quartier.

Le second enfant était né dans une famille où le père et la mère étaient décédés quand il avait quatre ans à cause de la guerre. A cause des difficultés de la vie, cet enfant fut abandonné par ses oncles et ses tantes paternels et maternels. Cet enfant se retrouva dans la rue, grandit dans la rue, fit l'école de la rue. Cet enfant était très agressif, très violent, très malhonnête et ne savait ni lire, ni compter et ni écrire.

3. Poème

Le droit à la vie en famille doit être accordé à tous les enfants des villes et des campagnes des pays d'Afrique, car il est et sera la mesure du développement affectif, social et intellectuel de l'enfant dans toutes les circonstances.

Le droit à la vie en famille permettra à l'enfant d'avoir une vie scolaire, citoyenne et professionnelle exemplaire, magnifique et géniale.

Les enfants qui sont privés du droit à la vie en famille pour plusieurs causes sont victimes de toutes les formes de mauvais traitements, d'exploitation et deviennent dangereux pour la société.

Tous les pays d'Afrique qui veulent connaitre la paix et le développement politique, économique, social, culturel et écologique doivent obligatoirement garantir aux enfants le droit à la vie en famille.

4. Conte

Autrefois, dans une localité, la guerre et le VIH/SIDA tuèrent de nombreux papas et mamans, oncles et tantes. De nombreux enfants se retrouvèrent sans papas et mamans, sans oncles et tantes et les gouvernants de cette localité ne prirent pas soin de ces enfants, ne s'occupèrent pas de ces enfants et se désintéressèrent volontairement de ces enfants.

Ces enfants abandonnés et négligés furent aimés, nourris, logés et instruits par les monstres de la barbarie, de la sauvagerie, du terrorisme, de l'extrémisme.

Quatre ans plus tard, ces enfants commencèrent à réfléchir, à se comporter et à agir comme ces monstres de la barbarie, de la sauvagerie, du terrorisme, de l'extrémisme qui ont pris soin d'eux. Ces enfants se mirent à casser, à détruire et à mettre à feu et à sang leur pays. C'est ainsi que cette localité connut un retard de développement d'un siècle et fut appelée la localité de la honte et de la misère.

5. Sketch

(Hassane, Nadège, Samuel et Salma se retrouvent pour discuter sur le droit à la vie en famille)

Hassane

Bonjour chers amis, je suis très heureux de me retrouver avec vous et parmi vous.

Nadège, Samuel et Salma

Bonjour, nous aussi nous sommes très contents de nous retrouver avec toi, car nous savons que nous allons parler d'un important sujet de société.

Hassane

Vous me connaissez bien et vous avez totalement raison. Je voudrais que nous parlions aujourd'hui du droit à la vie en famille pour tout enfant dans notre pays. La famille est la première école d'affection, d'éducation et de sécurité pour tout enfant.

Nadège

Ce que tu dis est une vérité. La famille est le premier lieu où les besoins spécifiques et variés de tout enfant doivent être garantis.

Samuel

Nos familles, nos écoles, nos communautés et nos gouvernants doivent prendre leur responsabilité afin que notre pays ne devienne pas la république des orphelins, la république des enfants dans la rue, la république du spectacle de la sauvagerie et de l'idiotie..

Salma

Effectivement Salma, dans les familles, les écoles et les communautés, les enfants doivent connaitre les limites de la vie en société, comprendre les limites de la vie en société et se conformer aux limites de la vie en société.

Hassane

Je crois qu'il faut dans notre pays un développement politique, économique, social, culturel et écologique pacifique et durable afin que le droit à la vie en famille soit présent et omniprésent.

Nadège

Je crois aussi que les parents doivent faire preuve de beaucoup de responsabilité et mener une vie responsable afin que les enfants grandissent, s'épanouissement et soient instruits de génération en génération.

Samuel

La première maison de sécurité d'un enfant c'est la famille et l'enfant se sent en pensée, en parole et par action en sécurité en famille.

Salma

Il est une vérité évidente qu'un enfant ne peut devenir un ministre, un député, un maire, un pilote, un avocat, un médecin, etc. que si et seulement s'il a le droit à la vie en famille.

Hassane

Chers amis, permettez-moi de vous dire que je suis très satisfait de notre conversation. Avec votre permission, je vais vous quitter pour me rendre à l'hôpital. Au revoir et prochainement.

Nadège, Samuel et Salma

Nous aussi nous tenons à te dire que nous sommes aussi très satisfaits de notre conversation. Nous allons nous rendre à la bibliothèque. Au revoir et prochainement.

(Ils se lèvent, se saluent et se séparent)

II. Le droit à une identité

Le dialogue, la parabole, le poème, le conte et le sketch qui évoquent le droit à une identité.

1. Dialogue

Samuel

Bonjour, comment vas-tu et où vas-tu ?

Salma

Bonjour, je vais bien et je vais à la pharmacie acheter les médicaments pour mon père.

Samuel

Permets-moi de partager avec toi cette triste réalité que dans les différentes localités de notre pays, le droit d'avoir une identité est négligé et omis.

Salma

Tu as vraiment raison. Beaucoup d'enfants, garçons et filles, n'ont pas d'acte de naissance.

Samuel

Ne pas avoir un acte de naissance signifie qu'on ne connait pas le nom de votre père, de votre mère, votre nom, votre prénom, votre date et lieu de naissance et votre nationalité.

Salma

Le nom, le prénom et la nationalité nous aident à aller à l'école, à bénéficier des soins médicaux gratuits réservés aux enfants, à avoir un passeport. Tous les parents de différentes localités de notre pays doivent faire de l'établissement de l'acte de naissance de leurs enfants un droit pour les enfants et un devoir pour eux.

Samuel

Tu as dit quelque chose de très important : l'acte de naissance, un droit pour les enfants et un devoir pour les parents.

Salma

Je te remercie d'avoir échangé avec moi des idées intéressantes sur ce sujet. Au revoir et prochainement.

Samuel

J'ai appris et compris beaucoup de choses à travers cet échange des idées. Au revoir et prochainement.

2. Parabole

Il y avait dans un pays deux grandes et riches localités où on trouvait des choses agréables et utiles pour vivre.

Dans la première localité, tous les enfants, garçons et filles, avaient un acte de naissance. Ils connaissaient et ont appris leur nom, leur prénom, leur nationalité, et le nom, le prénom et la nationalité de leurs parents. Dans cette localité, le droit pour les enfants, garçons et filles, d'avoir une identité était une réalité vivante.

Dans la seconde localité, tous les enfants, garçons et filles, n'avaient pas un acte de naissance. Ils ne connaissaient pas et n'avaient pas appris leur nom, leur prénom, leur nationalité, et le nom, le prénom et la nationalité de leurs parents. Dans cette localité le droit pour les enfants, garçons et filles, d'avoir une identité n'était pas une priorité et n'avait pas de sens majeur.

3. Poème

Permettez-moi d'avoir un nom, un prénom et une nationalité pour savoir qui je suis dans ma famille, dans mon école, dans ma communauté et dans mon pays.

Permettez-lui d'avoir un nom, un prénom et une nationalité pour savoir qui il ou elle est dans sa famille, dans son école, dans sa communauté et dans son pays.

Permettez-nous d'avoir un nom, un prénom et une nationalité pour savoir qui nous sommes dans notre famille, dans notre école, dans notre communauté et dans notre pays.

Permettez-leur d'avoir un nom, un prénom et une nationalité pour savoir qui ils ou elles sont dans leur famille, dans leur école, dans leur communauté et dans leur pays?

Mon identité, son identité, notre identité et leur identité c'est le droit des enfants, garçons et filles, et le devoir des parents.

4. Conte

Jadis, dans une localité, les dieux des mathématiques et du français qui aimaient beaucoup les enfants décidèrent d'accorder aux enfants, garçons et filles, de chaque famille les dons exceptionnels de mathématiques et de français. Ces dieux avaient des pouvoirs magiques pour connaitre le nom, le prénom et la nationalité des enfants, garçons et filles, dans chaque famille.

Le jour de la distribution des dons de mathématiques et du français arriva. Les dieux des mathématiques et du français se rendirent dans chaque famille et se rendirent compte que beaucoup d'enfants, garçons et filles, n'avaient pas d'acte de naissance. Ils se mirent en colère et décidèrent de donner des dons de mathématiques et du français uniquement dans les familles où les enfants, garçons et filles, avaient leur acte de naissance. Les enfants, garçons et filles, de cette localité qui avaient leur acte de naissance n'étaient pas nombreux. C'est ainsi que beaucoup d'enfants, garçons et filles, de cette localité passèrent à côté des dons de mathématiques et du français à cause de la négligence de leurs parents.

5. Sketch

(Samuel, Salma, Hassane et Nadège se retrouvent pour discuter sur le droit à une identité)

Samuel

Bonjour chers amis, se rencontrer et discuter sont pour moi une très grande joie.

Salma, Hassane et Nadège

Bonjour, se rencontrer et discuter sont aussi pour nous un moment agréable.

Samuel

Permettez-moi chers amis de vous dire que le droit d'avoir un nom et un prénom est trop négligé, omis et ignoré dans les différentes localités de notre pays.

Salma

Tu as raison. Il y a dans les différentes localités de notre pays, beaucoup d'enfants, garçons et filles, qui n'ont pas d'acte de naissance.

Hassane

Il faut éduquer, informer et sensibiliser les parents dans les différentes localités de notre pays sur les lieux d'établissement des actes de naissance, l'importance et les avantages pour les enfants , garçons et filles, d'avoir un acte de naissance.

Nadège

Il faut aussi éduquer, informer et sensibiliser les enfants, garçons et filles, afin qu'ils sachent poliment demander et réclamer à leurs parents l'établissement de leur acte de naissance.

Samuel

Chers amis, permettez-moi de vous dire qu'il y a dans les différentes localités de notre pays, beaucoup d'enfants, garçons et filles, qui ne connaissent pas leur nom, leur prénom, leur nationalité et ceux de leurs frères et sœurs. C'est une lamentable réalité.

Salma

Beaucoup d'enfants, garçons et filles, des différentes localités de notre pays ne connaissent pas aussi le nom, le prénom et la nationalité de leurs parents. C'est une triste réalité.

Hassane

Un jour, on a retrouvé trois enfants de la même famille qui étaient perdus. Ces enfants ne connaissaient pas leur nom, leur prénom et leur nationalité ni ceux de leurs parents. On eut du mal à retrouver leurs parents. La police fit au moins trois mois de recherche avant de retrouver les parents de ces enfants.

Nadège

Le directeur d'une école de notre localité imposa aux maîtres de faire l'appel tous les jours. Le matin avant de démarrer les cours et à la sortie des classes. Cette méthode permit aux élèves de chaque classe de connaitre leur nom et leur prénom et ceux de la plupart de leurs condisciples.

Samuel

Chers amis, je vous remercie pour cette bonne conversation que nous venons d'avoir. Avec votre permission, je vais vous quitter pour me rendre dans notre ferme. Au revoir et prochainement.

Salma, Hassane et Nadège

Nous te remercions aussi pour cette excellente et agréable conversation. Au revoir et prochainement.

(Ils se lèvent, se saluent et se séparent)

III. Le droit à l'éducation

Le dialogue, la parabole, le poème, le conte et le sketch qui abordent le droit à l'éducation.

Hassane

Bonjour, comment vas-tu et où vas-tu à cette heure de la journée avec beaucoup de joie ?

Nadège

Bonjour, je vais bien et je vais à la boutique pour acheter certaines choses. Ces choses sont tellement importantes pour moi que j'y vais avec une joie immense.

Hassane

Les secondes, les minutes, les heures, les jours, les semaines et les mois vont de plus en plus vite. Parait-il que dans bientôt ça sera la rentrée scolaire ?

Nadège

Effectivement, dans bientôt les élèves vont reprendre et doivent reprendre les nobles chemins de l'école.

Hassane

Moi, je suis pour la scolarisation des garçons et des filles quelles que soient leur religion, leur ethnie, leur tradition, leur coutume et leurs langues dans toutes les localités de notre pays.

Nadège

Tu viens de dire deux choses importantes et majeures pour les garçons et les filles quelles que soient leur religion, leur ethnie, leur tradition, leur coutume et leurs langues dans toutes les localités de notre pays : scolarisation et instruction.

Hassane

La construction d'une grande société pacifique et durable passe nécessairement par la scolarisation et l'instruction des garçons et des filles dans toutes les localités de notre pays.

Nadège

Que signifie scolarisation et instruction des garçons et des filles dans toutes les localités de notre pays ?

Hassane

La scolarisation des garçons et des filles dans toutes les localités de notre pays donne la chance aux garçons et aux filles d'aller à l'école à l'âge indiqué.

L'instruction des garçons et des filles dans toutes les localités de notre pays donne la chance aux garçons et aux filles d'acquérir, de conserver et de développer des connaissances, des savoirs, des compétences et des talents multiples et variés afin de réussir leur vie scolaire, citoyenne et professionnelle dans tous lieux et dans toutes les circonstances.

Nadège

Je crois que le droit à l'éducation des enfants, garçons et filles, reposent sur deux choses fondamentales et incontournables : la scolarisation durable et l'instruction durable.

Hassane

Si notre pays ne pratique pas la scolarisation durable et l'instruction durable des garçons et des filles, il fabriquera des garçons et des filles analphabètes, monstrueux et dangereux qui participeront à sa destruction totale et le déshonoreront dans tous lieux et dans toutes les circonstances.

Nadège

Je scolarise et j'instruis mes enfants, garçons et filles, tu scolarises et tu instruis tes enfants, garçons et filles, il ou elle scolarise et instruit ses enfants, garçons et filles, nous scolarisons et nous instruisons nos enfants, garçons et filles, vous scolarisez et vous instruisez vos enfants, garçons et filles, ils ou elles scolarisent et instruisent leurs enfants, garçons et filles. C'est ce que nous devons faire dans nos familles et dans toutes les localités de notre pays.

Hassane

Merci pour ce merveilleux dialogue sur le droit à l'éducation de l'enfant dans toutes les localités de notre pays que nous venons d'avoir. Au revoir et prochainement.

Nadège

Merci d'avoir partagé ces informations et ces connaissances avec moi. Au revoir et prochainement.

2. Parabole

Il y avait dans une localité, un père de famille qui avait dix enfants dont cinq garçons et cinq filles.

Au nom de sa tradition et de sa coutume, il décida de scolariser et d'instruire uniquement ses cinq garçons. Pour lui, les garçons étaient synonymes de réussite scolaire, citoyenne et professionnelle dans le temps et dans l'espace.

Au nom de sa tradition et de sa coutume, il décida que ses cinq filles ne soient pas scolarisées et instruites, mais reste à la maison pour s'occuper des tâches ménagères et se préparer pour le mariage.

Quelques années plus tard, ses cinq garçons sur qui il avait fondé ses espoirs en faisant tout pour les scolariser et les instruire, devinrent subitement les disciples infatigables de l'alcool, des bars et des boîtes de nuit. Ses cinq filles qui n'étaient pas scolarisées et instruites tombèrent enceintes par ce qu'elles étaient analphabètes, ignorantes et idiotes.

Ce père de famille devint triste et malheureux. Il se rendit compte qu'il faut toujours mettre en place des mesures et des moyens efficaces et durables pour l'éducation de ses enfants, garçons et filles. La discrimination basée sur la tradition et la coutume est une erreur grave.

3. Poème

L'accès à l'éducation maternelle, primaire, secondaire, professionnelle et universitaire est un droit pour les garçons et les filles quelles que soient leur religion, leur ethnie, leur tradition, leur coutume et leur langue.

La scolarisation et l'instruction des garçons et des filles favorisent et favoriseront des vies scolaires, citoyennes et professionnelles originales, nettement supérieures et adaptables dans toutes les circonstances.

La vie scolaire, citoyenne et professionnelle des garçons et des filles va assurer leur ascension scolaire, citoyenne et professionnelle.

L'ascension scolaire, citoyenne et professionnelle des garçons et des filles permet et permettra le développement des hommes et des femmes intelligents, sages et compétents.

4. Conte

Autrefois, il y avait dans une localité, un monstre dont le rôle était de décourager et d'empêcher les garçons et les filles d'aller à l'école et d'aimer l'école.

Un jour, un garçon et une fille se promenaient au bord d'un fleuve. Ils rencontrèrent le fameux monstre qui leur salua : « bonjour les enfants ». Le garçon et la fille répondirent : « bonjour monsieur ». Le garçon et la fille lui demandèrent : « qui es-tu ? ». Le monstre répondit : « je suis le monstre de la bonne et vraie vie ». Le garçon et la fille lui demandèrent : « que veux-tu ? ». Le monstre répondit : « je vous conseille de ne pas aller à l'école et d'abandonner l'école. Je vous conseille la vie de la chasse des oiseaux, de la pêche des poissons, des bars, des boîtes de nuit, de l'alcool à gogo. Voilà la vie sans douleur qui mérite d'être vécue ». ». Le garçon et la fille répliquèrent : « Aller à l'école est un droit pour les enfants et aimer l'école est un devoir pour les enfants ». Le monstre répondit : « les chemins de l'école et les parcours scolaires sont un chemin de croix douloureux et insupportable ». Le garçon et la fille répliquèrent encore: « si nous n'allons pas à l'école et n'aimons pas l'école, nous deviendrons des monstres comme toi et nous aurons une manière de réfléchir, de nous comporter et d'agir comme toi. Nous souhaitons et nous voulons devenir des disciples de Pythagore de Samos, de Thales de Millet, de Mozart, d'Albert Einstein et de Victor Hugo ».

Sur ces belles et fortes paroles sages, le monstre prit de honte, disparut mystérieusement. C'est à partir de l'expérience vécue par ce garçon et cette fille qu'aller à l'école et aimer l'école étaient devenus une passion dans cette localité.

5. Sketch

(Hassane, Nadège Samuel et Salma se retrouvent pour discuter sur le droit à l'éducation)

Hassane

Bonjour chers amis, je suis très fier et très heureux d'être avec vous dans ce lieu pour échanger des informations et des connaissances sur le droit à l'éducation.

Nadège, Samuel et Salma

Bonjour, nous aussi nous sommes très contents de te voir et d'échanger avec toi des informations et des connaissances importantes sur le droit à l'éducation.

Hassane

Permettez-moi chers amis d'aborder avec vous le droit à l'éducation des garçons et des filles dans toutes les localités de notre pays.

Nadège

Le droit à l'éducation est un droit indiscutable et incontournable. L'éducation des garçons et des filles est une nécessité absolue dans toutes les localités de notre pays.

Samuel

Dans toutes les localités de notre pays, les enfants, garçons et filles, doivent savoir lire, chanter, réciter, déclamer les poèmes et écrire.

Salma

De la maternelle au primaire, du primaire au secondaire, du secondaire à l'université, les garçons et les filles doivent bénéficier de la transmission des connaissances et de l'apprentissage du savoir.

Hassane

Je crois que les garçons et les filles quelles que soient leur religion, leur ethnie, leur tradition, leur coutume et leur langue, doivent acquérir le savoir, le savoir-faire, le faire-savoir, le savoir-échanger et le savoir-être nécessaires.

Nadège

Nous disons non à la discrimination, à l'exclusion et à la marginalisation des filles en matière d'éducation dans toutes les localités de notre pays.

Samuel

Les connaissances, les savoirs et les compétences doivent être les seules sources de distinction sociale entre les garçons et les filles dans toutes les localités de notre pays.

Salma

Un pays qui met en place des mesures et des moyens compétitifs, équitables et durables pour l'éducation des garçons et des filles aura des génies scolaires, citoyens et professionnels remarquables.

Hassane

Le plus grand cadeau qu'un pays puisse offrir à ses enfants garçons et filles c'est la scolarisation durable et l'instruction durable. Chers amis, avec votre permission, je vais vous quitter pour accompagner un oncle à l'aéroport. Au revoir et prochainement.

Nadège, Samuel et Salma

Tu nous as permis d'aborder avec toi un sujet capital. Au revoir et prochainement.

(Ils se lèvent, se saluent et se séparent)

IV. Le droit à la santé

Le dialogue, la parabole, le poème, le conte et le sketch qui exposent le droit à la santé.

1. Dialogue

Samuel

Bonjour, comment vas-tu ? Comment va ta santé, celle de tes parents, de tes frères et sœurs ?

Salma

Bonjour, je vais bien et je suis en bonne santé. Mes parents, mes frères et sœurs sont aussi en bonne santé pour le moment.

Samuel

Est-il vrai que les enfants, garçons et filles, ont droit à la santé ?

Salma

Effectivement, le droit d'être protégé des maladies et d'être soigné est reconnu par la Convention Internationale des Droits de l'Enfant.

Samuel

La santé c'est quand un organisme fonctionne normalement. La maladie c'est quand un organisme ne fonctionne pas normalement, il est malade.

Salma

Tu as raison. Voilà pourquoi nous avons droit aux informations pour être en bonne santé et aux soins spécifiques en cas de handicap.

Samuel

Les parents et les enseignants doivent apprendre aux enfants, garçons et filles, à demander des soins, à accepter de se faire soigner, à accepter de se faire vacciner, à ne pas refuser de prendre les médicaments quand ils sont malades ou blessés.

Salma

Les parents et les enseignants doivent aider les enfants, garçons et filles, à connaitre, à percevoir et à comprendre que les hôpitaux, les centres de santé et les infirmeries sont les lieux où on soigne les enfants, garçons et filles, et les médecins et les infirmiers sont des personnes qui soignent les enfants, garçons et filles.

Samuel

Je te remercie pour notre dialogue sur le droit à la santé des enfants. Au revoir et prochainement.

Salma

Je suis vraiment contente d'avoir dialogué avec toi sur le droit à la santé des enfants. Au revoir et prochainement.

2. Parabole

Il y avait dans un pays deux grandes et riches localités où on trouvait des choses agréables et utiles pour vivre.

Dans la première localité, aller à l'hôpital, dans centre santé ou dans une infirmerie, se faire soigner et prendre normalement et régulièrement ses médicaments achetés à la pharmacie étaient la conduite des parents, l'éducation des parents et l'attitude et le comportement des enfants. Dans cette localité, les enfants, garçons et filles, étaient en bonne santé à la maison, à l'école, dans la communauté et dans le quartier.

Dans la seconde localité, aller chez les guérisseurs, se faire soigner par les guérisseurs et prendre les médicaments des guérisseurs et les médicaments achetés dans la rue étaient la conduite des parents, l'éducation des parents et l'attitude et le comportement des enfants. Dans cette localité, les enfants, garçons et filles, avaient des maladies bizarres et mourraient comme des mouches.

3. Poème

A cause de la religion, de la tradition et de la coutume, ne refusez pas de me protéger contre les maladies, de me vacciner et de me soigner.

Au nom de votre religion, de votre tradition et de votre coutume, ne refusez pas de me protéger contre les maladies, de me vacciner et de me soigner.

Apprenez-moi dans ma famille, mon école et ma communauté à connaitre et à aimer l'hôpital, le centre de santé, l'infirmerie et les médicaments de la pharmacie quand je suis malade ou blessé.

Prenez toutes les mesures et mettez tous les moyens pour que le nombre de maternités, de berceaux et d'écoles dépassent le nombre de morgues, de cercueils et de tombeaux.

4. Conte

Jadis, dans une localité, une épidémie de méningite frappa tous les enfants, garçons et filles. Les charlatans trouvèrent une occasion en or pour tromper et escroquer les parents. Ils allèrent de famille en famille, de maison en maison pour convaincre les parents que cette épidémie de méningite est provoquée par les sorciers qui ne veulent pas que les enfants aillent à l'école et soient des génies scolaires, citoyens et professionnels.

Malheureusement, les parents crurent à ces sottises et décidèrent de faire soigner les enfants chez les charlatans plutôt qu'à l'hôpital. Les charlatans prirent beaucoup d'argent avec les parents, firent boire aux enfants des produits qui étaient toxiques. Trois mois plus tard, les enfants de cette localité ne guérirent pas mais perdirent leur vue, leur ouïe, leur odorat, leur goût et leur toucher. C'est ainsi qu'on se retrouva dans cette localité, avec des enfants, garçons et filles qui n'avaient pas les cinq organes de sens.

5. Sketch

(Samuel, Salma, Hassane et Nadège se retrouvent pour discuter sur le droit à la santé)

Samuel

Bonjour chers amis, je ne peux qu'être heureux parce que je vous vois et je peux discuter avec vous.

Salma, Hassane et Nadège

Nous sommes aussi heureux de te voir et de discuter avec toi.

Samuel

J'aimerais que nous exposions nos arguments sur le droit à la santé des enfants.

Salma

Nous savons tous que les droits de l'enfant sont un ensemble de droits qui concernent les besoins et les attentes spécifiques et variés des enfants. Parmi ces besoins et ces attentes, il y a le droit à la santé.

Hassane

Le droit à la santé c'est les besoins et les attentes des enfants en matière de protection contre les maladies et de soins.

Nadège

Le droit à la santé c'est les besoins et les attentes des enfants en matière d'information pour être en bonne santé et de soins spécifiques en cas de handicap.

Samuel

Le droit à la santé c'est l'éducation, l'information et la conscientisation des enfants, garçons et filles, dans les familles, les écoles et les communautés sur la propreté et l'hygiène du corps humain et des organes de sens, des vêtements, du cadre de vie et des aliments.

Salma

Etre en bonne santé ou savoir être en bonne santé est une manière de réfléchir, de se comporter et d'agir dans sa vie de tous les jours pour éviter des maladies et des blessures.

Hassane

La religion, la tradition et la coutume ne doivent pas empêcher les parents de faire soigner ou vacciner leurs enfants, garçons et filles, dans les hôpitaux, les centres de santé et les infirmeries officiels.

Nadège

Quand les enfants, garçons et filles, sont malades, ils doivent être immédiatement conduits dans les hôpitaux, les centres de santé, les infirmeries et les pharmacies officiels.

Samuel

Chers amis, chacun de nous à donner son argument sur le droit à la santé des enfants. Avec votre permission, je vais vous quitter pour me rendre au supermarché. Au revoir et prochainement.

Salma, Hassane et Nadège

Nous sommes contents et satisfaits des arguments que des uns et des autres. Au revoir et prochainement.

(Ils se lèvent, se saluent et se séparent)

V. Le droit à l'alimentation

Le dialogue, la parabole, le poème, le conte et le sketch qui montrent et expliquent le droit à l'alimentation

1. Dialogue

Hassane

Bonjour, comment vas-tu ? Je remarque que tu as pris un peu de poids.

Nadège

Bonjour, je vais bien et ta remarque est bonne. Beaucoup de personnes m'ont dit la même chose.

Hassane

Sais-tu que le droit à l'alimentation fait partie des droits de l'enfant reconnus par la Convention Internationale des Droits de l'Enfant.

Nadège

Effectivement, tous les enfants ont le droit d'affirmer ceci : j'ai le droit d'avoir une alimentation suffisante et équilibrée, tu as le droit d'avoir une alimentation suffisante et équilibrée, il ou elle a le droit d'avoir une alimentation suffisante et équilibrée, nous avons le droit d'avoir une alimentation suffisante et équilibrée, vous avez le droit d'avoir une alimentation suffisante et équilibrée, ils ou elles ont le droit d'avoir une alimentation suffisante et équilibrée.

Hassane

Les enfants ont le droit d'avoir une alimentation suffisante et équilibrée. Cette alimentation suffisante et équilibrée doit tenir compte des possibilités des parents.

Nadège

Tu as tout à fait raison. L'alimentation suffisante et équilibrée doit tenir compte du revenu des parents c'est-à-dire ce qu'ils gagnent et du pouvoir d'achat des parents c'est-à-dire ce qu'ils peuvent nous acheter comme nourriture avec ce qu'ils gagnent.

Hassane

Les enfants doivent manger ce que les parents peuvent leur donner et leur proposer. On ne peut pas manger au-dessus de ses moyens.

Nadège

Rappelons aussi qu'une alimentation suffisante et équilibrée permet à l'enfant de bien grandir et de s'épanouir.

Hassane

Je te remercie d'avoir fait le tour de ce sujet avec moi. Au revoir et prochainement.

Nadège

J'ai appris de très bonnes choses à travers ce dialogue. Au revoir et prochainement.

2. Parabole

Il y avait dans un pays deux grandes et riches localités où on trouvait des choses agréables et utiles pour vivre.

Dans la première localité, les parents de la classe moyenne et de la classe pauvre avaient les moyens pour offrir à leurs enfants le petit-déjeuner, le déjeuner et le dîner. Ce qui fait que dans cette localité, les enfants de la classe riche, moyenne et pauvre avaient tous la possibilité de grandir et de s'épanouir en âge, en intelligence et en sagesse.

Dans la seconde localité, il fallait absolument avoir des parents riches pour avoir tous les jours le petit-déjeuner, le déjeuner et le dîner. Dans cette localité, les enfants de la classe moyenne et de la classe pauvre ne mangeaient pas à leur faim et étaient malheureux en âge, en intelligence et en sagesse.

3. Poème

Permettez à mes parents d'avoir les moyens nécessaires pour me nourrir tous les jours, toutes les semaines, tous les mois et tous les ans.

Permettez-moi papa et maman, d'avoir dans la mesure de vos possibilités, quotidiennement mon petit déjeuner, mon déjeuner et mon dîner pour mieux grandir et m'épanouir dans tous les lieux et dans toutes les circonstances.

Soyons intelligents et sages et ayons des attitudes et des comportements nobles et dignes pour rendre heureux papa et maman qui nous nourrissent tous les jours, toutes les semaines, tous les mois et tous les ans.

Rendons heureux et fiers les parents qui nous nourrissent tous les jours, toutes les semaines, tous les mois et tous les ans en devenant des génies scolaires, citoyens et professionnels.

4. Conte

Autrefois, dans une localité, plusieurs enfants partaient à l'école sans prendre leur petit-déjeuner. A midi, ils partaient de maison en maison pour mendier. Le soir, ils partaient dans les restaurants pour manger le reste des nourritures qu'on leur offrait gratuitement.

Un jour, les monstres du travail des enfants rencontrèrent ces enfants, leur trompèrent avec la nourriture et partirent avec eux dans une localité lointaine où ils firent d'eux des esclaves sexuels et des vendeurs de drogue. Les parents de ces enfants n'eurent plus jamais la chance de revoir leurs enfants. C'est ainsi que, depuis la malheureuse histoire de ces enfants disparus et perdus, les parents de cette localité décidèrent quels que soient leurs moyens d'offrir tous les jours à leurs enfants le petit-déjeuner, le déjeuner et le dîner.

5. Sketch

(Hassane, Nadège, Samuel et Salma se retrouvent pour discuter sur le droit à l'alimentation)

Hassane

Bonjour chers ami, j'ai la chance de discuter avec vous. Je vous remercie pour ces moments d'échange des idées.

Nadège, Samuel et Salma

Bonjour, nous aussi, nous avons la chance de discuter avec toi. Nous savons que tu aimes les sujets et les débats pertinents.

Hassane

J'aimerais que nous discutions sur le droit à l'alimentation des enfants.

Nadège

Nous remarquons que dans notre localité, le droit à l'alimentation est déséquilibré.

Samuel

Tu as parfaitement raison. L'alimentation suffisante et équilibrée des enfants varie selon la classe sociale riche, moyenne ou pauvre.

Salma

Tu as totalement raison. Les enfants qui ont des parents riches ont un petit-déjeuner, un déjeuner et un dîner riches. Les enfants qui ont des parents moyens ont un petit-déjeuner, un déjeuner et un dîner moyens. Les enfants qui ont des parents pauvres ont un petit-déjeuner, un déjeuner et un dîner pauvres.

Hassane

Nous savons tous que sans une alimentation suffisante et équilibrée des enfants de la classe riche, pauvre et moyenne, nous aurons dans notre localité, une minorité d'enfants génies et épanouis et une majorité d'enfants toto et malheureux.

Nadège

Ventre affamé n'a pas de vue, d'ouïe, d'odorat, de goût et de toucher.

Samuel

Ventres des enfants affamés c'est le banditisme, la délinquance, les enfants dans la rue, la drogue et que sais-je encore ?

Salma

Dans une localité où il y a beaucoup de ventres affamés, les familles sont désertes et les rues sont pleines, les écoles sont désertes et les prisons sont pleines.

Hassane

Chers amis, je vous remercie d'avoir fait le tour de la problématique du droit à l'alimentation des enfants avec moi. Avec votre permission, je souhaite me rendre à l'hôpital. Au revoir et prochainement.

Nadège, Samuel et Salma

Nous te remercions infiniment d'avoir initié ce débat. Au revoir et prochainement.

(Ils se lèvent, se saluent et se séparent)

VI. Le droit de jouer et d'avoir des loisirs

Le dialogue, la parabole, le poème, le conte et le sketch qui permettent de connaitre et d'expliquer le droit de jouer et d'avoir des loisirs.

1. Dialogue

Samuel

Bonjour, comment vas-tu et quelles sont les nouvelles de ta famille ?

Salma

Bonjour, je vais mieux et dans ma famille, mon père, ma mère, mes frères et sœurs vont mieux.

Samuel

Sais-tu que nous les enfants, garçons et filles, nous avons le droit de jouer et d'avoir des loisirs.

Salma

Effectivement, jouer, rire, chanter et danser contribuent à notre croissance.

Samuel

Il est indispensable que les enfants, garçons et filles, prennent part à des activités et des exercices éducatifs, culturels et sportifs.

Salma

Tu as tout à fait raison. Les activités et les exercices éducatifs, culturels et sportifs permettent aux enfants, garçons et filles, de devenir des adultes épanouis, imaginatifs et créatifs dans toutes les circonstances.

Samuel

Les parents qui empêchent et interdisent à leurs enfants, garçons et filles, de participer aux activités et aux exercices éducatifs, culturels et sportifs reconnus et bien encadrés, tuent leurs potentialités, leurs qualités et leurs talents.

Salma

Les parents ne doivent pas tuer les potentialités, les qualités et les talents de leurs enfants, garçons et filles. Ils doivent de préférence promouvoir dans la mesure de leurs possibilités, les potentialités, les qualités et les talents de leurs enfants, garçons et filles.

Samuel

Nous avons échangé de très bonnes idées sur le droit de jouer et d'avoir des loisirs des enfants. Au revoir et prochainement.

Salma

Au revoir et prochainement.

2. Parabole

Il y avait dans un pays deux grandes et riches localités où on trouvait des choses agréables et utiles pour vivre.

Dans la première localité, les parents de la classe riche, moyenne et pauvre avaient inscrit et accompagnaient leurs enfants, garçons et filles, dans plusieurs activités et exercices éducatifs, culturels et sportifs gratuits disponibles. Les enfants, garçons et filles, de la classe riche, moyenne et pauvre de cette localité acquièrent et développèrent des qualités et des talents exceptionnels et extraordinaires.

Dans la seconde localité, certains parents de la classe riche, moyenne et pauvre négligèrent ou refusèrent pour des raisons traditionnelles et coutumières de donner la possibilité à leurs enfants, garçons et filles, de participer aux activités et exercices éducatifs, culturels et sportifs gratuits disponibles. Ces enfants de la classe riche, moyenne et pauvre grandirent avec beaucoup de lacunes, de défauts, d'incapacités et n'eurent pas la chance de connaitre et de découvrir leurs qualités et leurs talents exceptionnels et extraordinaires.

3. Poème

Permettez-moi de participer aux activités et exercices éducatifs, culturels et sportifs et je développerai et je saurai utiliser et exploiter ma vue, mon ouïe, mon odorat, mon gout et mon toucher.

Permettez-moi de participer aux activités et exercices éducatifs, culturels et sportifs et j'aurai un esprit de discipline, un esprit de rigueur, un esprit de sagacité et un enthousiasme spécial.

Permettez-moi de participer aux activités et exercices éducatifs, culturels et sportifs et j'aurai une vie scolaire, citoyenne et plus tard professionnelle formidable.

Les activités et exercices éducatifs, culturels et sportifs sont pour moi une opportunité d'avoir des qualités et des talents uniques, nettement supérieurs et adaptables dans tous les lieux et dans toutes les situations.

4. Conte

Jadis, dans une localité, les monstres qui étaient jaloux des qualités et des talents des enfants, garçons et filles, vinrent trouver et tromper les parents d'empêcher et d'interdire à leurs enfants, garçons et filles, de participer aux activités et exercices éducatifs, culturels et sportifs. Les parents acceptèrent naïvement et bêtement ce que les monstres leur avaient dit. Pendant toute une génération, les enfants, garçons et filles, de cette localité ne connurent aucune activité et aucun exercice éducatifs, culturels et sportifs.

Vingt-cinq et trente ans plus tard, il y eut dans cette localité une carence de footballeurs, d'athlètes, de députés, de maires, d'enseignants, de médecins, de chanteurs, de comédiens hommes et femmes compétents. C'est ainsi que cette localité devint la risée des autres localités.

5. Sketch

(Samuel, Salma, Hassane et Nadège se retrouvent pour discuter sur le droit de jouer et d'avoir des loisirs)

Samuel

Bonjour chers amis, permettez-moi de vous féliciter et de vous remercier parce que vous aimez les débats.

Salma, Hassane et Nadège

Nous te remercions et nous t'encourageons aussi à aimer les débats.

Samuel

Je souhaite chers amis que notre débat porte sur le droit de jouer et d'avoir des loisirs des enfants, garçons et filles.

Salma

Le droit de jouer et d'avoir des loisirs est un droit reconnu par la Convention Internationale des Droits de l'Enfant.

Hassane

Le droit de jouer et d'avoir des loisirs est un droit omniprésent dans les sociétés démocratiques et ouvertes et absents ou étouffés dans les sociétés conservatrices et fermées.

Nadège

Dans une localité où le droit de jouer et d'avoir des loisirs est reconnu, garanti et promu, les enfants, garçons et filles, s'épanouissent librement et joyeusement avec des activités et des exercices éducatifs, culturels et sportifs.

Samuel

Tu as totalement raison. Dans ces localités, les enfants, garçons et filles, acquièrent, conservent et développent des qualités et des talents uniques et remarquables.

Salma

Dans ces localités, vous trouverez des génies scolaires, citoyens et professionnels dans la classe riche, moyenne et pauvre.

Hassane

Tous les arguments que vous venez d'avancer sont les vertus et les avantages inestimables du droit de jouer et d'avoir des loisirs des enfants, , garçons et filles,

Nadège

L'esprit de discernement, l'intelligence, la sagesse et la créativité d'un enfant, garçon ou fille, dépendent largement des opportunités permanentes de participer aux activités et aux exercices éducatifs, culturels et sportifs.

Samuel

Chers amis, notre débat a été magnifique. Avec votre permission, je vais vous quitter pour me rendre au ministère de l'éducation. Au revoir et prochainement.

Salma, Hassane et Nadège

Nous avons véritablement apprécié ce débat. Au revoir et prochainement.

(Ils se lèvent, se saluent et se séparent)

VII. Le droit d'être protégé contre toutes les formes de discrimination

Le dialogue, la parabole, le poème, le conte et le sketch qui permettent de connaitre et de comprendre le droit d'être protégé contre toutes les formes de discrimination.

1. Dialogue

Hassane

Bonjour, comment vas-tu et pourquoi depuis ce matin ça bouge beaucoup dans votre quartier ?

Nadège

Bonjour, je vais bien. Ça bouge beaucoup dans notre quartier parce que les gens ont décidé de balayer, de défricher et de faire le curage des caniveaux.

Hassane

C'est une bonne idée et une bonne initiative. Permets-moi de t'informer que dans les différentes localités de notre pays, les formes de discrimination sont nombreuses.

Nadège

Tu as raison. Retenons qu'un enfant vit et subit des discriminations à cause de son sexe, de son handicap physique, de sa religion, de son ethnie, de sa tradition, de sa coutume et de sa langue.

Hassane

Les enfants, garçons et filles, des différentes localités vivent et subissent les différentes formes de discrimination que tu viens d'énumérer.

Nadège

A cause de ton sexe, de ton handicap physique, de ta religion, de ton ethnie, de ta tradition, de ta coutume et de ta langue, des adultes qui sont de mauvaise foi peuvent refuser de t'aider, de te protéger, de t'assister voire de t'éduquer.

Hassane

Tout enfant, garçon ou fille, handicapé ou non doit être protégé contre toutes les formes de discrimination.

Nadège

Les mesures et les lois doivent être mises en place pour protéger tout enfant, garçon ou fille, handicapé ou non contre toutes les formes de discrimination.

Hassane

Je te remercie d'avoir dialogué avec moi sur ce sujet avec moi. Au revoir et prochainement.

Nadège

Notre dialogue m'a permis de connaitre et de comprendre certaines choses. Au revoir et prochainement.

2. Parabole

Il y avait dans un pays deux grandes et riches localités où on trouvait des choses agréables et utiles pour vivre.

Dans la première localité, il y avait une égalité entre les enfants qu'ils soient garçons ou filles, handicapés ou non dans les familles, les écoles, les communautés et les quartiers. C'était une localité sans discrimination et où les enfants, garçons ou filles, étaient heureux et épanouis.

Dans la seconde localité, il y avait une honteuse et forte inégalité à l'égard des enfants basée sur le sexe et le handicap physique. C'était une localité basée sur la promotion des garçons qu'ils soient handicapés ou non et le mépris des filles qu'elles soient handicapées ou non, la valorisation des talents des garçons qu'ils soient handicapés ou non et la minimisation des talents des filles qu'elles soient handicapées ou non.

3. Poème

Garçons ou filles, handicapés ou non, nous avons les mêmes vues, ouïes, odorats, gouts et touchers qui doivent être développés pour connaitre, percevoir et comprendre notre vie scolaire, citoyenne et professionnelle.

Garçons ou filles, handicapés ou non, notre sexe, notre handicap physique, notre religion, notre ethnie, notre tradition, notre coutume et notre langue ne doivent pas être un motif ou une raison de discrimination ou de marginalisation dans la vie scolaire, citoyenne et professionnelle.

Garçons ou filles, handicapés ou non, nous avons les mêmes droits et les mêmes devoirs. Garçons ou filles, handicapés ou non, nous possédons des qualités et des talents qu'il faut développer et valoriser dans tous les lieux et dans toutes les circonstances.

4. Conte

Autrefois, dans une localité, les responsables d'une école décidèrent avec une mauvaise foi terrible que les garçons et les filles seront traités, encadrés et suivis dans toutes les classes en fonction de leur religion, de leur ethnie, de leur tradition et de leur coutume.

Cette façon de faire provoqua des déséquilibres intellectuels dans toutes les classes. Dans toutes les classes, il y avait une minorité de garçons et de filles intelligents et une majorité de garçons et de filles idiots et cancres.

Dans les examens locaux, les résultats des garçons et des filles de cette école étaient souvent lamentables, médiocres et nuls. Un jour, les génies protecteurs de cette école qui avaient pour mission de la rendre meilleure, décidèrent de faire disparaitre mystérieusement la vue, l'ouïe, l'odorat, le goût et le toucher des responsables de cette école. Les génies protecteurs de cette école le firent et les responsables de cette école connurent une incapacité physique et intellectuelle terrible. Les responsables de cette école furent destitues pour incapacité physique et intellectuelle et furent remplacés par des responsables de bonne foi. C'est ainsi que cette école redevint le temple des connaissances et des savoirs pour les garçons et les filles quelles que soient leur religion, leur ethnie, leur tradition et leur coutume.

5. Sketch

(Hassane, Nadège, Samuel et Salma se retrouvent pour discuter sur le droit d'être protégé contre toutes les formes de discrimination)

Hassane

Bonjour chers amis, j'admire les moments de discussion et je vous admire parce que vous êtes toujours disponibles pour discuter avec moi.

Nadège, Samuel et Salma

Bonjour, c'est avec beaucoup d'enthousiasme et de joie que nous aimons discuter avec toi.

Hassane

Permettez-moi de vous dire que les enfants, garçons ou filles, handicapés ou non peuvent être victimes de toutes sortes de discrimination dans notre localité.

Nadège

Rappelons et retenons que la discrimination est une différence de traitement qui cause du tort à quelqu'un sans que cela ne soit justifié.

Samuel

Sachons que la différence de traitement se fait par rapport au sexe, au handicap physique, à la religion, à l'ethnie, à la tradition, à la coutume, à la langue.

Salma

Nous savons que les conséquences de différence de traitement sont les inégalités de chance, les exclusions sociales, et les marginalisations sociales.

Hassane

Toutes les formes de discrimination tuent le génie scolaire, citoyen et professionnel des enfants, garçons ou des filles, handicapés ou non.

Nadège

Dans les localités où les filles vivent et subissent des discriminations de toutes sortes, il est difficile de trouver des femmes médecins, enseignants, pilotes, policiers, etc.

Samuel

Chaque enfant est unique. Mais tous les enfants, garçons ou filles, ont le droit d'avoir une vie scolaire, citoyenne et professionnelle digne.

Salma

En vérité en vérité, en ce qui concerne la protection des enfants, garçons et filles, handicapés ou non, contre toutes les formes de discrimination, la Convention Internationale des Droits de l'Enfant doit être respectée.

Hassane

Chers amis, nous avons fait le tour de ce sujet. Avec votre permission, je vais me rendre au laboratoire. Au revoir et prochainement.

Nadège, Samuel et Salma

Nous sommes satisfaits de cet échange des idées. Au revoir et prochainement.

(Ils se lèvent, se saluent et se séparent)

VIII. Le droit d'être protégé de la violence et de l'exploitation

Le dialogue, la parabole, le poème, le conte et le sketch qui présentent le droit d'être protégé de la violence et de l'exploitation.

1. Dialogue

Samuel

Bonjour, je me suis arrêté parce que je t'ai vu venir. Je suis très content de te voir.

Salma

Bonjour, comment vas-tu et quelles sont les nouvelles ? Je suis aussi très content de te voir.

Samuel

Je vais très bien. La bonne nouvelle c'est que les enfants ont le droit d'être protégé de la violence et de l'exploitation.

Salma

Le droit d'être protégé de la violence c'est la faculté de ne pas vivre et subir des violences physiques ou psychologiques.

Le droit d'être protégé de l'exploitation c'est la faculté de ne pas vivre et subir toutes les formes de maltraitance, d'abus sexuels, de travail pénible et dangereux.

Samuel

Tu as remarquablement bien présenté les choses. La violence et l'exploitation sont deux choses qui peuvent briser, gaspiller et détruire durablement la vie des enfants.

Salma

Nous devons dénoncer toutes les formes de violence et d'exploitation dans les familles, les écoles, les communautés et les quartiers.

Samuel

Nous ne voulons plus être des enfants bouviers, des enfants domestiques, des enfants dans la rue, des enfants prostitués.

Salma

Les adultes qui sont chargés de nous éduquer, de nous aimer, de nous protéger et de nous épargner de toutes les formes de violence et d'exploitation, doivent faire preuve de responsabilité exemplaire, humaniste et citoyenne.

Samuel

Nous avons eu une fabuleuse conversation. Au revoir et prochainement.

Salma

C'est moi qui dois te remercier d'avoir voulu que nous discutions sur cet important sujet. Au revoir et prochainement.

2. Parabole

Il y avait dans un pays deux grandes et riches localités où on trouvait des choses agréables et utiles pour vivre.

Dans la première localité, dans les familles, les écoles, les communautés et les quartiers, les enfants étaient aimés, respectés, bien éduqués, bien encadrés et bien protégés. Les enfants naissaient, grandissaient et s'épanouissaient dans de très bonnes conditions et dans un environnement sain. On surnomma cette localité le paradis des enfants.

Dans la seconde localité, dans les familles, les écoles, les communautés et les quartiers, les adultes faisaient preuve de mauvaise foi, étaient malintentionnées et malhonnêtes. Ces adules étaient les champions de la violence et de la maltraitance des enfants. Les enfants naissaient, souffraient, devenaient fous et mouraient. On surnomma cette localité l'enfer des enfants.

3. Poème

Dans les familles, le père, la mère, le grand-père, la grand-mère, les oncles et les tantes ne doivent plus nous faire voir, vivre et subir les violences et les exploitations de toutes sortes.

Dans les écoles, les enseignants et les enseignantes ne doivent plus nous faire payer leur malaise, leurs difficiles conditions de travail et de vie, en nous faisant voir, vivre et subir les violences et les exploitations de toutes sortes.

Dans les communautés et les quartiers, les adultes spécialistes de la violence et de l'exploitation des enfants doivent être dénoncés et sévèrement punis par la loi.

Les familles, les écoles, les communautés et les quartiers doivent être les lieux du développement et de l'épanouissement des enfants et non les lieux de la violence et de l'exploitation des enfants.

4. Conte

Jadis, dans une localité, il y avait des enfants beaux, obéissants, intelligents et sages. Ces enfants étaient l'avenir de cette localité.

Certains adultes de cette localité qui étaient de mauvaise foi et jaloux de l'avenir de ces enfants décidèrent de briser et de détruire leur vie.

Un jour, tous ces enfants beaux, obéissants, intelligents et sages partirent en excursion quelque part. Ils firent pris en otage par ces adultes de mauvaise foi et jaloux. Ces adultes de mauvaise foi et jaloux abusèrent sexuellement de ces enfants, leur firent consommer la drogue et leur maltraitèrent.

Les génies protecteurs de cette localité furent furieux de ce que ces enfants beaux, obéissants, intelligents et sages avaient subi. Ils se rendirent dans le lieu où les enfants étaient pris en otage. Ils firent tomber sur ces adultes de mauvaise foi et jaloux un profond sommeil, les ligotèrent et les jetèrent dans le feu. Les génies protecteurs de cette localité libérèrent les enfants et les remirent à leurs parents respectifs. Ces enfants reçurent des soins psychologiques et médicaux appropriés. C'est ainsi que depuis ce jour, il n'y eut plus d'adultes dangereux pour la vie et l'avenir des enfants dans cette localité.

5. Sketch

(Samuel, Salma, Hassane et Nadège se retrouvent pour discuter sur le droit d'être protégé de la violence et de l'exploitation)

Samuel

Bonjour chers amis, je suis heureux parce que nous allons avoir une intéressante causerie sur un important sujet.

Salma, Hassane et Nadège

Bonjour, nous sommes aussi heureux parce que nous allons avoir une grande causerie et nous allons aborder un grand sujet.

Samuel

Chers amis, permettez-moi de vous informer et de vous apprendre que notre localité est remplie d'hommes et de femmes spécialistes de la violence et de l'exploitation des enfants.

Salma

C'est vrai ce que tu nous informe et nous apprends. Certains hommes et femmes de notre localité sont devenus très dangereux pour la vie et l'avenir des enfants.

Hassane

Ces hommes et ces femmes de mauvaise foi utilisent des méthodes telles que l'abus sexuel, le travail forcé, la violence physique ou psychologique pour briser et détruire la vie des enfants.

Nadège

Dans les familles, les écoles et les communautés, on doit apprendre aux enfants à se méfier de ces hommes et de ces femmes qui sont de mauvaise foi et dangereux.

Samuel

Pour aider les enfants à ne plus tomber dans les pièges de ces hommes et de ces femmes qui sont de mauvaise foi et dangereux, les parents doivent dans la mesure de leurs possibilités loger, nourrir, soigner et envoyer les enfants à l'école.

Salma

Il est aussi indispensable que des mesures et des moyens efficaces de protection des enfants contre la violence et l'exploitation soient mis en place et appliqués.

Hassane

La réussite scolaire, citoyenne et professionnelle des enfants d'aujourd'hui permettra de ne plus avoir des hommes et des femmes spécialistes de la violence et de l'exploitation des enfants. Ce sera une génération d'hommes et de femmes intelligents, sages et remplis de bon sens.

Nadège

Notre localité doit être gouvernée par l'amour et la protection durables des enfants, garçons et filles et non la violence et de l'exploitation durables des enfants, garçons et filles. C'est une nécessité absolue.

Samuel

Chers amis, notre causerie a été exceptionnelle avec des idées exceptionnelles. Avec votre permission, je vais vous quitter pour me rendre à la pharmacie. Au revoir et prochainement.

Salma, Hassane et Nadège

Nous te remercions pour cette formidable causerie. Nous te souhaitons bonne route. Au revoir et prochainement.

(Ils se lèvent, se saluent et se séparent)

IX. Le droit de ne pas faire la guerre, ni de la subir

Le dialogue, la parabole, le poème, le conte et le sketch qui traitent le droit de ne pas faire la guerre, ni de la subir

1. Dialogue

Hassane

Bonjour, comment vas-tu et pourquoi es-tu un peu triste ?

Nadège

Bonjour, je vais mieux. Je suis un peu triste parce qu'il y a trop de conflits religieux, ethniques, traditionnels et coutumiers réveillés ou endormis.

Hassane

Tu as raison d'être triste. Le dialogue entre les religions, les ethnies, les traditions et les coutumes est devenu très difficile.

Nadège

Les premières et fragiles victimes de ces conflits religieux, ethniques, traditionnels et coutumiers réveillés ou endormis, ce sont les enfants, oui les enfants.

Hassane

Ces conflits religieux, ethniques, traditionnels et coutumiers réveillés ou endormis nous font perdre beaucoup de choses. Nos parents meurent, nous aussi nous pouvons avoir la malchance de mourir, nous ne mangeons pas, nous ne pouvons pas nous soigner, nous ne partons pas à l'école, nous ne pouvons pas jouer et avoir des loisirs.

Nadège

Plus pire encore, nous devenons par la force des choses et des évènements des enfants soldats.

Hassane

En devenant des enfants soldats, nous voyons et nous participons à des spectacles de tuerie, de massacre, de barbarie et de génocide impitoyables et terribles.

Nadège

En devenant des enfants soldats, nous ne voulons plus et nous ne pouvons plus avoir une vie scolaire, citoyenne et professionnelle.

Hassane

Je souhaite, je demande et je prie que les hommes, les femmes, les jeunes et les enfants de toutes les religions, les ethnies, les traditions et les coutumes s'aiment, se respectent, collaborent et travaillent dans la paix.

Nadège

Nous voulons naitre, grandir et étudier dans un environnement pacifique et de compréhension mutuelle. C'est dans cette optique, que nous pouvons devenir des génies scolaires, citoyens et professionnels.

Hassane

Merci pour cette pertinente conversation que nous venons d'avoir. Au revoir et prochainement.

Nadège

C'est moi qui te remercie parce que notre conversation a été pour moi un grand soulagement. Au revoir et prochainement.

2. Parabole

Il y avait dans un pays deux grandes et riches localités où on trouvait des choses agréables et utiles pour vivre.

Dans la première localité, toutes les religions, les ethnies, les traditions et les coutumes décidèrent de faire preuve de coexistence et de cohabitation pacifiques et durables. Cet environnement de coexistence et de cohabitation pacifiques et durables permit aux enfants de naitre, de grandir et de s'épanouir en âge, en intelligence et en sagesse. Ces enfants devinrent des génies et participèrent plus tard au développement de leur localité.

Dans la seconde localité, toutes les religions, les ethnies, les traditions et les coutumes décidèrent de faire la guerre. Il y eut dans cette localité beaucoup d'enfants orphelins et d'enfants de sept à dix-huit ans qui devinrent des soldats sanguinaires.

3. Poème

Je ne veux pas faire la guerre, ni la subir, tu ne veux pas faire la guerre, ni la subir, il ou elle ne veut pas faire la guerre, ni la subir, nous ne voulons pas faire la guerre, ni la subir, vous ne voulez pas faire la guerre, ni la subir, ils ou elles ne veulent pas faire la guerre, ni la subir.

A cause de vos incompréhensions et de vos conflits religieux, ethniques, traditionnels et coutumiers, nous devenons des enfants soldats.

A cause de vos bavures et vos débordements politiques, économiques, sociaux, culturels et écologiques, nous devenons des enfants soldats.

Nous ne voulons pas être les monstres et les cancres de la vie scolaire, citoyenne et professionnelle, mais des génies de la vie scolaire, citoyenne et professionnelle dans les différentes localités de notre pays.

4. Conte

Autrefois, dans une localité, les enfants avaient la chance de naitre, de grandir et de vivre dans la joie, la paix et le bonheur.

Un jour, pour des raisons mauvaises et inutiles, les hommes et les femmes de deux ethnies décidèrent de s'entretuer. Ce fut un génocide terrible.

Cette situation poussa les enfants des deux ethnies qui ne pouvaient pas supporter la mort atroce de leurs parents de devenir des enfants soldats et de s'entretuer à leur tour. Ce fut un génocide terrible.

Finalement, cette localité devint le cimetière des hommes, des femmes et des enfants. Il ne resta dans cette localité que quelques enfants soldats qui ne savaient ni lire, ni écrire, ni compter. Ces enfants soldats étaient violents et sanguinaires.

5. Sketch

(Hassane, Nadège, Samuel et Salma se retrouvent pour discuter sur le droit de ne pas faire la guerre, ni de la subir)

Hassane

Bonjour chers amis, permettez-moi de vous dire que c'est toujours pour moi un honneur, une joie et une fierté de discuter avec vous.

Nadège, Samuel et Salma

Bonjour, nous aussi nous adorons discuter avec toi. C'est un moment que nous apprécions sérieusement.

Hassane

Chers amis, permettez-moi de vous dire qu'il y a trop de tensions entre les religions, les ethnies, les traditions et les coutumes dans les différentes localités de notre pays.

Nadège

Tu as raison. Il y a des risques de conflits majeurs dans les différentes localités de notre pays.

Samuel

Nous les enfants, nous ne voulons pas la guerre, nous ne voulons pas faire la guerre et nous ne voulons pas subir la guerre.

Salma

Nous invitons les hommes et les femmes de toutes les religions, les ethnies, les traditions et les coutumes de différentes localités de notre pays à prendre conscience des terribles et dangereuses conséquences de la guerre sur la vie scolaire, citoyenne et professionnelle des enfants.

Hassane

Partout où il y a la guerre entre les religions, les ethnies, les traditions et les coutumes, il y a des enfants soldats, des enfants violents, des enfants sanguinaires, des enfants orphelins et des enfants dans la rue.

Nadège

Nous voulons dire aux hommes et aux femmes de toutes les religions, ethnies, traditions et coutumes de différentes localités de notre pays qui aiment les affrontements et les guerres que nous avons le droit de vivre et d'être épargné et protégé contre leurs multiples spectacles de barbarie.

Samuel

Sachons que s'il y a des affrontements et des guerres inutiles dans les différentes localités de notre pays, il n'y aura pas de futurs génies dans la vie, les activités et les actions de développement.

Salma

Sachons aussi qu'un enfant est égal à une future idée géniale et à un futur projet génial de développement.

Hassane

Chers amis, nous avons vraiment évoqué les multiples conséquences de la guerre sur la vie des enfants. Merci pour vos idées convaincantes. Avec votre permission, je vais vous quitter pour me rendre au centre culturel. Au revoir et prochainement.

Nadège, Samuel et Salma

Nous te remercions aussi pour tes brillantes idées. Au revoir et prochainement.

(Ils se lèvent, se saluent et se séparent)

X. Le droit à la liberté d'information, d'expression et de participation

Le dialogue, la parabole, le poème, le conte et le sketch qui montrent et présentent le droit à la liberté d'information, d'expression et de participation.

1. Dialogue

Samuel

Bonjour, comment vas-tu et as-tu des nouvelles de nos condisciples ?

Salma

Bonjour, je vais bien et les condisciples que j'ai eu la chance de rencontrer vont bien.

Samuel

Nous sommes des enfants et il est reconnu que nous avons la liberté d'information, d'expression et de participation. Qu'en penses-tu ?

Salma

C'est un droit qui est reconnu par la Convention Internationale des Droits de l'Enfant.

La liberté d'information, c'est la liberté d'être informé, de s'informer et de connaitre ses droits et ses devoirs dans la société.

La liberté d'expression, c'est la faculté de s'exprimer librement et de donner son opinion sur ses droits et ses devoirs dans la société.

La liberté de participation, c'est la faculté d'être consulté et de donner son avis sur tout ce qui concerne les enfants voire la société.

Samuel

Dans la famille, à l'école, dans la communauté et dans le quartier la liberté d'information, d'expression et de participation favorise l'épanouissement scolaire, citoyen et professionnel de l'enfant.

Salma

Le droit à la liberté d'information, d'expression et de participation prépare l'enfant, garçon ou fille, à une vie, des activités et des actions responsables et dynamiques.

Samuel

Je te remercie pour tes pertinents arguments concernant le droit à la liberté d'information, d'expression et de participation des enfants. Au revoir et prochainement.

Salma

J'ai appris d'importantes choses avec toi. Au revoir et prochainement.

2. Parabole

Il y avait dans un pays deux grandes et riches localités où on trouvait des choses agréables et utiles pour vivre.

Dans la première localité, dans les familles et à l'école, les parents et les enseignants ont aidé les enfants à connaitre, à percevoir et à comprendre le monde, le vivant et la matière, leurs droits et leurs devoirs et à participer aux réunions de conseil de famille et des communautés. Les enfants de cette localité étaient très instruits, cultivés et responsables.

Dans la seconde localité, le poids de la tradition et de la coutume interdisait aux enfants de connaitre, de percevoir et de comprendre ce que les adultes connaissent, perçoivent et comprennent et recommandait que les enfants connaissent seulement leurs devoirs et ignorent leurs droits. Quand les enfants de cette localité grandirent, ils eurent une vie scolaire, citoyenne et professionnelle moyenne, passable, médiocre et nulle.

3. Poème

Je ne peux devenir un enfant intelligent, sage et talentueux que si et seulement si mon droit à la liberté d'information, d'expression et de participation est respecté et valorisé dans toutes les circonstances.

Je ne peux avoir une vie scolaire, citoyenne et professionnelle remarquable et exceptionnelle que si et seulement si mon droit à la liberté d'information, d'expression et de participation est respecté et valorisé dans toutes les circonstances.

Je ne peux participer dans le futur à la vie politique, économique, sociale, culturelle et écologique de ma localité que si et seulement si mon droit à la liberté d'information, d'expression et de participation est respecté et valorisé dans toutes les circonstances.

Mon droit à la liberté d'information, d'expression et de participation est ma raison d'exister, d'être et de vivre.

4. Conte

Jadis, dans une localité, il y eut un terrible combat entre les dieux de la tradition et de la coutume qui étaient contre le droit à la liberté de s'informer, de s'exprimer et de participer des enfants, garçons ou filles, et les dieux des droits de l'enfant qui étaient favorables au droit à la liberté de s'informer, de s'exprimer et de participer des enfants, garçons ou filles.

Les dieux de la tradition et de la coutume qui étaient soutenus par beaucoup de parents d'élèves attachés à la tradition et à la coutume gagnèrent ce combat. La liberté d'information, d'expression et de participation était interdite aux enfants dans cette localité. C'est ainsi qu'il y eut dans cette localité des enfants idiots, qui s'exprimaient très mal et qui ignoraient leurs droits.

5. Sketch

(Samuel, Salma, Hassane et Nadège se retrouvent pour discuter sur le droit à la liberté d'information, d'expression et de participation)

Samuel

Bonjour chers amis, j'espère que vous êtes heureux de vous retrouver ici et de discuter avec moi.

Salma, Hassane et Nadège

Bonjour, nous sommes vraiment heureux de ce moment et du genre de discussion que nous allons avoir.

Samuel

Permettez-moi de traiter avec vous la problématique du droit à la liberté d'information, d'expression et de participation des enfants dans les différentes localités de notre pays.

Salma

La Convention Internationale des Droits de l'Enfant est claire. Les enfants, garçons et filles, ont le droit à la liberté d'information, d'expression et de participation.

Hassane

Le droit à la liberté d'information, d'expression et de participation aide les enfants, garçons et filles, à faire preuve de responsabilité, de sagacité, de civisme, d'implication et d'engagement dans la famille, à l'école, dans la communauté et dans le quartier.

Nadège

Le droit à la liberté d'information, d'expression et de participation ne doit pas être synonyme d'arrogance, d'irrespect et de désobéissance des enfants, garçons et filles, dans la famille, à l'école, dans la communauté et dans le quartier.

Samuel

Au nom du droit à la liberté d'information, d'expression et de participation, les enfants , garçons et filles, ne doivent pas connaitre des mauvaises choses pour se détruire et détruire leur famille, leur école, leur communauté et leur quartier, dire des injures et des sottises et participer à des activités et actions terroristes .

Salma

Au nom du droit à la liberté d'information, d'expression et de participation, les enfants, garçons et filles, ne doivent pas devenir insupportables et rebelles dans la vie scolaire, citoyenne et professionnelle.

Hassane

Il est indispensable que les enfants, garçons et filles, connaissent, perçoivent et comprennent les limites du droit à la liberté d'information, d'expression et de participation dans leur société.

Nadège

Le droit à la liberté d'information, d'expression et de participation est un moyen efficace d'éduquer, de former et de sensibiliser les enfants, garçons et filles.

Samuel

Chers amis, je vous remercie pour ce grand débat. Avec votre permission, je vais vous quitter pour me rendre au garage. Au revoir et prochainement.

Salma, Hassane et Nadège

Effectivement, le débat a été grand et riche. Au revoir et prochainement.

(Ils se lèvent, se saluent et se séparent)

Sommaire

Printed by Books on Demand GmbH, Norderstedt / Germany